FSC
www.fsc.org
MIX
Papier aus ver-
antwortungsvollen
Quellen
Paper from
responsible sources
FSC® C105338

AF220475

Meiner Schwester Johanna gewidmet

„Phantasie ist wichtiger als Wissen,
denn Wissen ist begrenzt." (Albert Einstein)

Ein neuer Tag beginnt

und andere Gedichte

Lotar Martin Kamm

Inhaltsverzeichnis

Abschiede sind Anfänge

Manchmal heißt es, Abschied nehmen
von gemeinsamen Wegen,
die uns aber nie zufällig gegeben.
Siehst du die schattenhaften Schemen?

Trauer dann hilfreiche Brücken schafft,
wobei kein Blick zurück voll Wehmut sein sollte.
Die Seele lacht, sie weint, Böses davontrollte.
Danach heißt es beherzt: aufgerafft!

Mit jeder Enttäuschung wir lehrreich gestärkt sind,
weil kein Mensch uns wirklich kleinkriegen mag,
außer man gibt auf, träumt noch am hellichten Tag.
Drum bewahrt in Euch das freudige Kind.

Ein lang ersehnter Anfang am Horizont zu sehen,
wer denn bereit, sich neu orientierend fallen zu lassen.
Das geschieht am Besten gänzlich ohne dieses Hassen.
Dann seid Ihr im Land der Kreativen, lieber Feen.

Kein simples Märchen sollten jene Zeilen wiedergeben,
sondern den wahren Kern in Euch herzhaft erwecken.
Mögen noch viele gefundene Talente Gutes bezwecken,
nach heilenden, liebevollen Taten streben.

Abschied in Raten

Leise, ganz still der Abschied
einer langen Ankündigung gleicht,
dabei wurde doch manches erreicht,
welch tristes, fragwürdiges Gebiet.

Überlegungen mit viel Bedacht
ersinnen Wege aus der Sackgasse,
Gefühle wie damals in erster Klasse,
am Ende hat's halt gekracht.

Leise, fast tonlos die Gedanken
sich sortieren und kreisen,
keineswegs Aussichtsloses anpreisen,
nebenbei manch Mythen ranken.

Afghanistan hilflos ausgeliefert

Luft anhalten,
weinend schweigen,
Chaos in Kabul,
die Taliban obsiegen,
der Westen zermürbt.
Was ist da passiert?

Grübelnd in sich kehren,
lauthals schreiend,
ein Desaster sondergleichen,
China und Russland frohlocken.
Politik in Gänze versagt.
Niemand Schuld hinterfragt?

Gespräche suchen,
retten wo immer möglich,
Krieg ist niemals eine Option,
Terror als Folge erneut aufflammt.
Keiner hat's gewußt, alle informiert.
Nun werden erneut die Taliban hofiert.

Alles beim Alten

Deutsche Gründlichkeit,
es ist mal wieder soweit.
Einfach die Union wählen,
auf die kann man zählen.
Grünes Gesocks abstrafen,
bequem weiterschlafen.
Was interessiert das Klima,
mit Laschet wird's prima.
Das weiß doch längst jeder,
die Baerbock will uns ans Leder.
Den Liberalen wird vergeben,
so sei es jetzt eben.
Hauptsache Schwarz-gelb regiert,
alles beim Alten, nichts passiert.
Konservative Werte hochhalten,
mögen erneut schalten und walten.
Soziale Nöte und Umwelt völlig egal,
wenn das Bier dabei wird nicht schal.
Im Herbst läuft's darauf hinaus,
endlich wieder ein Herr im Haus.
So fügt sich solch Wählerwillen,
gegen Dummheit gibt's keine Pillen.

Am ersten Mai

Am ersten Mai
sind viele dabei,
um friedlich zu demonstrieren,
haben manche nichts zu verlieren.

Das wiederholt sich Jahr für Jahr,
per protestierender Menschenschar,
das Ganze hat längst Tradition
auf manch Platz, vorm Mikrophon.

Doch die Stimmung im Lande kippt,
wer da wohl aggressiv ausflippt?
Rechtslastig rassistisch aufgestellt,
es manch Bürger bereits gefällt.

Statt aus der Geschichte wirklich zu lernen,
beginnt man, Menschenrechte wieder zu entfernen,
fordert im patriotischen Gewand
von jedem Deutschen die helfende Hand.

Nationalistentreue wird erneut verlangt,
wer dies ablehnt, bald schon aufgehangt?
Familienwerte schicken Frauen zurück an den Herd:
Ist es das wirklich wert?

Einerlei, heute ist mal wieder der erste Mai,
Hauptsache krakelend mit dabei.
Was interessiert friedliches Zusammenleben,
Fremdenhaß sie schürend anstreben.

Amok oder Terror

Reingebuttert
all die Gefühle.
Nonstop bemuttert,
tümmeln im Gewühle.

Verunsichert gestarrt
in fragende Gesichter.
Masse in Panik verharrt,
aus gehen die Lichter.

Handys sofort gezückt,
ohne nachzudenken.
Amok und Terror – verrückt,
nichts kann dich ablenken.

Angst breitet sich aus
in tonloser Stille.
Alle wollen da raus,
hilft keine Beruhigungspille.

Gedanken ohne Unterlaß
kreisen rasend umher.
Gewalt ein Ergebnis von Haß,
Betroffenheit kann nicht mehr.

Medien schonungslos
berichtend unterwegs.
Dort fliegt ein Geschoß,
Euer Kommentar geht uns auf den Keks!

Ändert sich dadurch was?
Wacht Menschheit endlich auf?
Bittet nicht nur Verursacher zur Kass',
sonst hauen sie weiter auf Euch drauf!

Ampel-Koalition

Rot, gelb, grün,
eine neue politische Koalition.
Wie eine Ampel nett anzusehen,
in Berlin herrscht ein anderer Ton.

Sozen, Liberale und Grüne
gestalten nun die politische Bühne.
Die Corona-Pandemie fordert sie heraus,
deren langes Zögern jetzt schon ein Graus.

Kritische Stimmen tauchen auf,
zumal dieses Bündnis alles andere als leicht.
Opposition, Radikales haut gern drauf,
ob es für eine Legislaturperiode reicht?

Bei rot bleibt manches stehen,
bei gelb gib ja acht,
bei grün kann vieles gehen.
Parteien real weiterhin verkracht?

Lassen wir der Ampel ihre Zeit,
kritisch beobachtend per Augenmaß.
In vier Jahren ist es wieder soweit
in der Hoffnung auf weniger Haß.

Bad Boy sich selbst treu

Zurückgeblickt,
sich angeschickt,
das Leben kritisch
zu hinterfragen,
alles auf den Tisch,
er hat viel zu sagen.

In Lügen verstrickt,
wohl nie genug gekriegt,
selbstgefälliger Despot,
gewissenlos grinsend,
kennst keine Not,
nach Vorteilen linsend.

In die Zukunft geblickt,
keine Untat davonfliegt,
Beobachter berichten
über all die Verbrechen,
ohne hinzuzudichten,
lassen sich nicht bestechen.

Bayrisches Nachtreten völlig ungebeten

Der Söder, der Söder,
wirft aus nen komischen Köder.
Statt in Bayern zu regieren,
möchte er sich nicht genieren,
dem Scholz auf die Finger zu kloppen,
um uns allesamt zu foppen.
Er hätte vieles besser gemacht,
daher nen Shitstorm entfacht.
Merkel hätte mit Putin telephoniert,
Scholz hingegen ganz anders reagiert.
Was ein Laschet nicht hinbekam,
der Söder richtig gut kann.
Hat den Kanzlerentscheid nicht geschluckt,
jetzt spielt er halt verrückt und zuckt.
Möge dieser Kelch an ihm vorbeiziehen,
er daher besser nach Hause fliehen.
Dort mag er dann schmollen
so wie die anderen Union Dollen.

Bereit zur Lieblosigkeit

Zerstörungswut sucht Ventile,
davon möglichst viele.
Haß und Hetze im Internet
alles andere als nett.
Meinungsfreiheit ein kostbares Gut,
doch was soll all die Wut?
Haben wir das Diskutieren verlernt,
wird just die Demokratie entkernt?
Mit Blick gen Ellenbogengesellschaft
kreative Leichtigkeit wird abgestraft.
Wohin solch Entwicklung führt,
bleibt in den meisten Köpfen ungerührt.
Kein Gedanke an Frieden und Freiheit,
man verplempert lieber kostbare Zeit.

Blender allerorten

Politische Verantwortlichkeit
sich äußerst selten zeigt,
es wird lieber geschweigt.
Doch Politik hat's vergeigt,
manch einer nicht abgeneigt,
es dadurch ziemlich übertreibt,
lachend vor Kameras sich zeigt.
Hauptsache Öffentlichkeit,
welch simple Weisheit,
man sei als Kanzler bereit,
Nachtreten ginge zuweit.
Solch jemand ist nicht gescheit,
galt schon eh für alle Zeit.
Doch das Volk erneut soweit,
obwohl gewählt, danach bereut.
Was hat man Menschen eingebleut?
Die Wahrheit sich wegduckt, gar scheut.
Komisches Volk, merkwürdige Leut'.
Dann lieber gut ernährt beleibt
für jene Union es erneut übertreibt.
Obwohl vorhanden eine andere Gelegenheit,
suhlen sich Wähler in Gedankenlosigkeit.

Bundestagswahlfieber

Wahlen stehen an,
mannomann,
wer wohl Kanzler kann?

Kein solides Paket
für jenen Armin Laschet,
dessen Charisma wirkt spät.

Annalena Baerbock mit dabei
oder bereits auf Platz Drei?
Wird sich zeigen, einerlei.

Der Sozi Olaf Scholz
grinst in jede Kamera ganz stolz.
Sein Debüt klopft etwa auf Holz?

Das Land braucht eine Vision,
das wissen natürlich alle schon.
Wer bestimmt am Ende den Ton?

Corona einfach ausgeblendet

Kein Gewissen, keine böse Falle,
auf mit dem Flieger nach Malle,
was interessieren manch Bedenken,
Hauptsache komatöses Ablenken.

Die Pandemie wird einfach ignoriert,
jesoffen und jehurt völlig ungeniert,
sie wollen Party machen,
lassen es auf Malle ordentlich krachen.

Nach Ostern wird fleißig weitergestorben,
gar Querdenker und Nazis gezielt umworben,
weil so schön bequem die Ignoranz,
da stört nur kritischer Firlefanz.

Corona zum Trotz

Gestorben wird immer
tagtäglich.
Was sei daran so kläglich,
fragen manch Ignoranten
in der Pandemie.
So etwas gab's noch nie.
Solch Dilettanten!
Doch sie seien das Volk,
schweben auf ihrer Wolk',
fordern Meinungsfreiheit.
Ist das gescheit,
das Grundrecht auf Gesundheit
mit Füßen zu treten?
Da hilft kein Beten,
sondern ein klares Verbot
in allerhöchster Not.

Das Land der Dichter und Denker

Das ist das Land der Dichter und Denker –
sie hetzen bereits wie die letzten Henker,
an allen Ecken kannste sie stehen sehen,
kennen kein Mitleid, kein berechtigtes Flehen,
es zählt nur der eigene Haß auf alles Fremde,
wer ihnen nicht horcht, ist bald schon Legende.

Das ist das Land, wo kein Dichter mehr denkt,
weil eine bösartige Brut erneut das Volk dorthin lenkt,
wo man Nazi-Schergen stumm walten ließ,
gar kritische Denker verbannte oder einfach verstieß.
Man suhlt sich in seiner arglistig verblendeten Wut,
der ängstliche Bürger sich fügt, ist ständig auf der Hut.

Das ist das Land ohne Dichter, Denker und Toleranz,
dort herrschen Fanatiker, suhlen sich im lächerlichen Glanz,
überall Kinder und Frauen gesenkten Hauptes kuschen,
beherrscht und regiert von armselig ewiggestrigen Luschen.
Europa sich gar anstecken läßt von jener rechten Politik,
am Ende wird sie scheitern, siegt zum Glück berechtigte Kritik.

Das verlorene Kind

Hast sie gewickelt und gepflegt,
gefüttert und vorgelesen,
liebevoll zugedeckt,
manchmal dich dazugelegt,
bist stets bei ihnen gewesen,
morgens zur Schule sie geweckt.

Das Los der Eltern ein jeder kennt,
welch liebevolle Aufgabe,
so der Lauf der Welt.
Ob sie lachen oder eine flennt,
du weißt oft Rat in fast jeder Lage,
viel Vertrauen, genau das zählt.

Irgendwann, dann sind sie groß,
erwachsen, suchen eigene Wege,
verirren oder finden sich.
Du stehst bereit, berätst, so dein Los,
auf das sich bei ihnen Gutes rege,
suchst das Gespräch, weiter fürsorglich.

Meist mag Familie sich verstehen,
begegnen auf Augenhöhe,
im respektvollen Umgang.
Wenn nicht, heißt's auseinandergehen,
gar im Streit, was jucken mich deren Flöhe,
bis zu bösartig häßlichem Überschwang.

Da sitzt du nun, Vater oder Mutter,
mit den Jahrzehnten herangereift.
Dein Blick taucht manchmal ins Leere,
lauter Vorwürfe man schmiert, statt Butter,
wurdest hinterher gar eingeseift,
was verbleibt dir dabei als Lehre?

Am Ende zählt stets die eigene Persönlichkeit,
die dir niemand nehmen darf,
weder Staat, noch Freund oder eigenes Kind.
Und falls es bei dir auch ist soweit,
handle nie beherzt, besser scharf,
sonst wirste zur Schlachtbank geführt, wie ein Rind!

Der frühe Vogel wird zum Opfer

An einem frühen Morgen
eine Amsel saß auf hohem Zaun,
um nach einem Wurm zu schauen,
ohne Angst und Sorgen.

Eine Kohlmeise war schneller,
flog frech zwitschernd daher,
die Amsel ärgerte sich deshalb sehr,
die Sonne schien schon heller.

Im Gebüsch geduldig eine Katze saß,
grazil ohne jedwede Regung,
keiner der Vögel hatte eine Eingebung,
kurz darauf das Raubtier ihr Opfer fraß.

Der Letzte ziehe den Stecker

Raketen schwirren durch die Luft,
tauchen in blaue Himmelssphären.
Menschen ergrauen über Nacht,
manche liegen in blutüberströmter Gruft.
Politiker wollen nichts im Geringsten klären,
Diplomatie eingetauscht, völlig unbedacht.

Ein Feindbild wird bewußt inszeniert,
Waffengeschäfte florieren mehr denn je.
Gewalt beherrscht Gedanken weltweit,
wer hat all die Menschen zu Kriegen verführt?
Daß jenes bösartige Treiben erneut gescheh?
Armeen unerschrocken stehen stramm bereit.

Lieber Gott im Himmel, laß mich fort,
bevor die Welt lauter Töne die Stille durchdringt.
Keine Macht sorgt sich um Frieden,
der bald verloren an jedem Ort.
Oh, wie dieses Verbrechen gen Himmel stinkt,
all die Liebe beendet, das Gespräch vermieden.

Der Letzte ziehe bitte den Stecker,
weil Menschheit sich verliert im Überfluß.
Wer meint, Gott weint, hat den Sinn nicht verstanden.
Der stellt sich niemals einen Wecker,
entscheidet, wann folgt unser Schluß,
ist nur der Mensch, der kommt abhanden.

Des Menschen letzter Wille

Verstoßen
ohne Gewissensbisse.
Stürme tosen,
sichtbare Risse.

Naturgewalten
Grenzen setzen.
Plakate entfalten,
auffordern zum Hetzen.

Freiheit
hat einen hohen Preis.
Kein Weg zur Einigkeit,
Menschen wimmern ganz leis.

Kriege
sichtbare Spuren hinterlassen.
Angebliche Siege
bedeuten ewigliches Prassen.

Mutter Erde
sich nicht mehr wundern kann.
Jede andere Herde
mal begreift, irgendwann.

Unendliche Stille
umgibt Gewässer und Land.
Des Menschen letzter Wille
gemeißelt auf blutiger Wand.

Die Liebe, unser kostbarstes Gut

Engumschlungen schlenderten sie dahin,
gänzlich in Gedanken vertieft.
Keine Angst käme ihnen in den Sinn,
obwohl Haß an jeder Ecke trieft.

Kaum traten sie in den Laternenschein,
eine Meute junger Leute schrie:
„Was macht ihr hier so glücklich allein?
Wir treten euch zusammen wie Vieh!"

Fast gelähmt vor Schreck entsetzt sie schauten,
dennoch all ihren Mut aufbrachten,
sprachlich keck zu widersprechen sich trauten,
gar die Meute heftigst anlachten.

„Habt ihr nie verliebt euch hingegeben,
das Glück in vollen Zügen genossen?
Stattdessen unbesonnen in eurem Leben
die Zeit vergessen, ziemlich unverdrossen?"

Es tobt die Menge, um erstaunt inne zu halten,
sich fragend anzuschauen, was damit wohl gemeint.
Um nach einer langen Weile endlich zu schalten,
was Menschsein letztlich alle vereint!

Die Liebe, unser kostbarstes Gut.
Lebt sie, seid allesamt täglich auf der Hut.

Die Qual vor der Wahl

Der Wahnsinn regiert die Welt,
genau das für etliche wohl zählt.
Schuld daran all das viele Geld.
Trump fühlt sich dabei als Held,
jener Narzißt sein Ego erhellt,
Corona für ihn entfällt,
während manch einer sich quält.

Die Medien werden weiterhin beschimpft,
Haß, Wut und Verschwörungen geimpft,
statt den Menschen wirklich zu helfen,
glaubt manch einer an rettende Elfen.
Die Wahl rückt immer näher,
schon fühlt sich Trump als Seher,
glaubt, er handelt gar fair.

Das Ende vom dramatischen Lied,
schlimmes dort in den USA täglich geschieht.
Während alle Welt erstaunt die Nase rümpft,
der blonde Dolle selbstherrlich weiterschimpft,
er habe stets alles richtig gemacht,
egal was dabei jetzt wohl entfacht.
Doch was hat's letztendlich gebracht?

Dieser Zweck heiligt solch Mittel

Nur recht und billig
jedes Argument,
um Krieg zu beginnen,
sei es aus Schwäche,
Stärke oder inszeniert.

Hauptsache wir sind willig,
auf sicherem Fundament
für jede zu bezahlender Zeche,
egal von wem definiert.

Politik reagiert meist zu spät,
Vertrauen dadurch geht verloren,
Geschichte verharrt in Ohnmacht,
während zu viele sterben.

Am Ende manch Mensch fleht,
obendrein genügend wird geboren,
damit es in Zukunft erneut kracht,
welch unsinniges Verderben!

Die Union darf's erneut tun

Was bedeutet schon Schuld
für den Armin,
die wird weggebetet,
bereuen halt eher verspätet.
Von Einsicht keine Spur,
mitnichten ein Spleen,
ein christdemokratischer Kult,
genau das zählt nur.

Und sowas wird bald regieren
als Bundeskanzler in diesem Land,
eine Mehrheit dies wohl will,
wirkt schon ziemlich schrill.
Woher jenes blinde Verhalten?
Der Verstand wird aberkannt,
aber im Baerbock-Bashing sich nicht zieren!
Das machten zuvor schon die Alten.

Nichts dazugelernt aus der Geschicht'?
Haben Kohl und Schröder nicht gereicht?
Ein Laschet soll's jetzt richten?
Schluß mit beherztem dichten,
im Herbst ist alles gelaufen.
Im Grunde wäre vieles ganz leicht,
wenn nicht mancher auf Profit erpicht.
Zum Haare ausraufen.

Eine Ahnung voller Leidenschaft

Ein Hauch von Lavedelduft
umgibt dich.
Liebe in der Luft
findet ebenso mich.
Ach, könnten wir solch Momente
ewiglich festhalten,
müßten nicht warten bis zur Rente,
am Ende wir doch erkalten.

Ein Gedanke voller Zärtlichkeit
durchkreuzt meine Sehnsucht.
Und du, bist auch du bereit
oder letztlich auf der Flucht?
Ach, könnten wir nur ausbrechen
vom selbstgemachten Alltagstrott,
müßten nicht andauernd zechen,
um dann unschuldig zu stehen vor Gott.

Eine Ahnung voller Leidenschaft
spürst du in deinen Lenden.
Und dann wirst du bloß angegafft.
Kannst du das Blatt noch wenden?
Ach, warum willst du weiterziehen,
ohne es ernsthaft probiert zu haben?
Meinst tatsächlich, da hilft ein Fliehen,
weil andere dir besseres gaben?

Einfach loslassen

Und wenn du nicht mehr klar denken kannst,
weil die Sorgen dich zu arg belasten,
keine Zeit mehr verbleibt,
der Wahnsinn dich antreibt,
gar welche sich anmaßten,
du hättest dich einfach verschanzt,
dann laß möglichst alles raus,
was seit einer Ewigkeit sich aufstaute.
Warum jener gutgemeinte Rat?
Nicht weil's um deine Gesundheit nur schad,
sondern dein Ich sich endlich traute,
beherzt zu widersprechen ohne Paus'.

Das Fazit solch befreiter Aktionen:
Man mag sich eine zeitlang schonen,
glaubt gar, es könnte sich lohnen.
Am Ende zählt nur Gerechtigkeit,
wenn es dann mal soweit,
geht verloren manch tiefe Einsamkeit.

Ein Fettnäpfchen zuviel

So gar nicht zum Lachen,
jenes #allesdichtmachen.
Hat mit Satire nichts zu tun,
stolpert daher in zu großen Schuhen.
Prominenz versucht sich eklatant,
erzürnt darüber das ganze Land.
Ausreden dabei nicht hilfreich,
erklärt dies keinesfalls als Streich.
Mögen andere aus jener Aktion lernen,
sich nicht von Solidarität entfernen.
Wer die Öffentlichkeit kaum scheut,
das sei eingebleut, zu wenig bereut.
Doch in Zeiten dieser Pandemie
zählt Rücksicht wie noch nie.

Ein Kelch vorrüberging

Durch diese hohle Gasse mußt du gehen.
Was gibt es denn da nicht zu verstehen?
Das kannste keineswegs noch drehen,
willste den eigentlichen Sinn nicht sehen?

Durch diese hohe Gasse darfst du gehen.
Es nutzet dir kein inniges Flehen,
kein Stottern und erst recht kein Krähen.
Wir ernten doch stets, was wir säen.

Durch diese belebte Straße sollst du gehen.
Klar doch, das ist überhaupt kein Versehen,
mag dein Gegenwind noch so heftig wehen.
Meinetwegen natürlich auch auf Zehen.

Durch Gassen oder Straßen kann man gehen.
Ins Fenster stellen große und kleine Kakteen,
in aller Bescheidenheit regt das kein Aufsehen.
Selbstverständlich gern schöne Orchideen.

Durch diese hohle Gasse muß er kommen,
schrieb einst Friedrich Schiller im Wilhelm Tell.
Manch einer zitiert ganz benommen,
das sei alles andere als aktuell.

Ein Lächeln voller Wehmut

Die Luft anhalten
in feuchtem Abendlicht,
ohne bewegendes Sinnen,
einfach schalten und walten,
bei Meereswogen und Gischt,
gedankenverloren ganz tief drinnen.

Der Welt den Rücken kehren
nach endlos langem Raunen,
im Gepäck ein Ticket ins Aus.
Viele Ideen sich innig vermehren,
erzeugen leises Erstaunen,
man fühlt sich gar zuhaus.

Fragende Blicke verweilen,
deren Antworten längst bekannt,
chancenlos unruhig manch Nacht.
Belassen wir's mit diesen Zeilen,
ehe sich gänzlich verrannt.
Gebt unbedingt auf Euch acht.

Ein neuer Tag beginnt

Aus dem Bett gewälzt,
ins Bad gestelzt,
sich gehegt und gepflegt,
Morgenlicht sich vorsichtig regt,
langsam die Sinne erwachen,
Meldungen bringen dich nicht zum Lachen,
schon wieder Corona Thema Nummer Eins,
kein Ende in Sicht, so scheint's,
Kaffeewasser aufgesetzt,
mit dem Brotmesser sich verletzt,
schnell ein Pflaster gesucht und geholt,
die Frau wird wach und grollt,
dennoch das Frühstück kann beginnen,
Diskussionen lautstark wie von Sinnen,
der Tag hat seinen Beginn,
das Leben stets viel Sinn.

Eitelkeit trifft Häme – sich keiner gräme

Wir wollen Spaß haben und quatschen, was och immer -
nicht diskutieren, uns stimulieren
im Ausmachen der geschönten Fronten.
Die Gelegenheit verfliegt im Nu, kommt nimmer,
beim Markieren, Sinnieren,
was einzig zählt, sind fette Konten.

Einst waren wir als Babys letztlich gleich,
hatten scheinbar alle dieselben Chancen -
geliebt, gefunden und verloren -
sind ein wenig ärmer oder gar reich,
treffen uns in Foren mit gebrochenen Lanzen
wie Krieger vor verschlossenen Toren.

Was wollen des Dichters Worte Euch damit sagen?
Das möget Ihr Euch fragen.
Es ist gar nicht so schwer
in Zeiten, wo Zukunft sich sagen muß:
Wo kommt all die Gleichgültigkeit her,
der Neid, der Haß, der Verdruß?

Schaut tief in Euch, wenn Ihr es wollt
und fraget und saget es Euren Kindern:
Bösartigkeit gebet kein Wort, - hinweggetrollt!
Es darf kein Dämon, kein Spötter uns daran hindern.

EM-Titel verpaßt

Ausreden schnell parat,
der Ball rollt schwer,
es riecht nach Verrat,
weil der Kopf so leer.

Im Fußball zählen Ideen,
Schnelligkeit und Kondition.
Davon war nicht viel zu sehen,
es hilft kaum ein beleidigter Ton.

Manchmal den Fokus lenken
von handzahm zu Kampfesgeist,
Im Wimbley-Stadion Fahnen schwenken,
die Deutschen bald abgereist.

Es wird eng

Die falsche Kragenweite
außer Frage,
erklärt das die Lage,
bemerkt der Gescheite.

Reizvolle Aussichten
im Visier,
eingetreten die Eingangstür,
stets spannende Geschichten.

Man wird ja wohl noch träumen dürfen
des Nachts oder am Tag,
egal woran das liegen mag,
ob nach Gold schürfen oder Champus schlürfen.

Wem die Gegenwart
mißfällt,
bei dem keine Freude zählt,
auf Wut und Haß beharrt.

Das Leben könnte friedvoll sein
im Hier und Jetzt,
doch Mensch sich gegenseitig verletzt,
die Welt wird somit zu klein.

First Lady's Performance

Gestik und Mimik,
Körpersprache ohne Worte.
Nach dem Aufenhalt in der Klinik
sich manch Eindruck in die Seele bohrte.

Die Hand dem Manne nicht reichen,
alle Welt sah Melania Trumps Reaktion.
Ihr Verhalten offenbart Ausweichen,
sein tröges Schauspiel ein einziger Hohn.

Gestik und Mimik
deuten auf klare Signale.
In ihrem Gesicht enttäuschter Blick,
es pendelt die eheliche Waagschale.

Bloß die Contenance bewahren,
egal wie heftig versteckter Haß.
Es tummeln sich Medien in Scharen,
nicht bloß nur so zum Spaß.

Gestik und Mimik
auf jeder Bühne ward zu sehen,
gänzlich ohne irgendwelchen Trick.
Menschen verfolgen gebannt das Geschehen.

Folgenlose Einsätze

Vorbeigemogelt ohne jedwede Scheu,
ziehen sie gleich wieder von dannen,
feste Schritte kaum noch zu hören.
Sitzen des abends mit dunklem Gebräu,
manche geben sich lallend die Kannen,
scharfe Bräute wollen sie gar betören.

Kein Fest wird ausgelassen die Tage,
schließlich wollen sie vergessen,
was erlebt wurde weit weg von Daheim.
In dumpfer Erinnerung an brenzliger Lage
tönt niemand von ihnen einfach vermessen,
fühlt im Grunde sich nunmehr jeder allein.

Ein Rauschen im Ohr, ewigliches Knallen,
Träume voller Horror aussichtslos verweilen,
nicht nur des nachts, plötzlich ohne Warnung.
Dann wollen Geschosse unendlich erschallen,
obwohl keine zu sehen, sie dich ereilen,
aufgedeckt selbst sorgfältigste Tarnung?

Die Spuren bleiben im Gehirn eingraviert,
wie miese Filme sie begleiten,
niemand vermag wirklich dies verstehen.
Nicht zu ändern, planvoll bewußt passiert,
ohne die Uniformierten darauf vorzubereiten,
bleiben haften, da hilft auch kein Flehen.

Freiheit verspielt

Gezeter ums Wetter,
heute oder später,
Klimaretter.

Gefeilsche der Politik,
gewöhnliches Prinzip,
ewigliche Kritik.

Pressefreiheit in Gefahr,
unberechenbar
schon immer war.

Vertrauensverlust,
auch unbewußt,
führt zu viel Frust.

Macht erneut entfacht,
nicht erst über Nacht.
Wann wird aufgewacht?

Frieden gefährdet

Laut und deftig muß sie sein,
die Politik,
das sei wohl schick,
doch mit Glück zum Schein
erreicht sie kaum ihre Ziele,
sagen allzu viele.

Die Nerven liegen blank,
zumal Kriege aufwarten,
nichts Bestellen im Garten,
solch Drohkulissen sind krank,
Bündnispartner machen Druck,
Abmarsch, ruck zuck.

Von Friedenswillen keine Spur,
Weltpolitik versagt,
Menschen nicht gefragt,
gefährdet die gesamte Natur,
Liebe dahin, Haß auf dem Weg,
Macht der letzte Dreck!

Friedenszeiten vorbereiten

Vergebene Müh, das Streiten,
um beizeiten
uneinig auseinander zu gehen.
Fürwahr, da hilft kein Flehen,
weil die Meinung bestehen bleibt,
man sich unnötig aufreibt.

Warten auf bessere Tage,
sich dabei stets frage:
Was veranlaßt Elend und Krieg,
etwa vor Augen bloß ein Sieg?
Laßt die Waffen stecken,
bedeutet sonst erneutes Verrecken.

Die einen übersehen halt die Zeichen,
wollen nicht von ihrem Standpunkt weichen.
Andere ignorieren all das Leid,
Hauptsache es obsiegt Gleichgültigkeit.
Was interessiert schon Politik,
sie beanspruchen ihr eigenes Glück.

Wehe, es geht ans Eingemachte,
man schnell erschrickt, ganz sachte
erstaunt die Welt mit anderen Augen sieht.
Plötzlich sind Phrasendrescher gar beliebt,
bemerkt manch einer deren verlogenes Spiel.
Dann erst wird's ihnen zu viel.

Am Ende muß man sich selbst sagen:
Da hilft kein Wehklagen oder Verzagen,
laßt uns jetzt richtig entscheiden,
Armut, Elend und Kriege vermeiden.
Jagt die Verursacher einfach davon,
stoppt deren menschenverachtenden Hohn.

Genug vom Betrug

Luschen haben stets was zu vertuschen,
ob sie von dannen huschen
oder nicht kommen in die Puschen.

Angeblich aufrechte Christdemokraten
erinnern an desolate Klappspaten,
Hauptsache in den Tag hineinraten.

Große Töne dabei spucken,
beschämt zur Seite gucken,
um sich dann wegzuducken.

Mit Politik fürs Volk hat's nichts zu tun,
sie werden nicht eher ruhen,
bis sie vollgefüllt ihre Geldtruhen.

Drum überlegt genau, wen ihr wählt,
keinesfalls das versprochene Geld,
am Ende wahre Gerechtigkeit zählt.

Geschwafel ohne Sinn und Verstand

In Deckung gehen,
so gar nichts verstehen,
tröge am Rad drehen,
Hauptsache Protestgeschehen.

Leerdenker spalten die Gesellschaft,
haben sich aufgerafft,
ein Riß im Lande klafft.
Spaltung bewußt geschafft.

Corona lediglich Mittel zum Zweck,
erst muß die Merkel weg,
vorbei jener böse Gag.
Was folgt als nächster Schreck?

Mit Blick gen Rottweil wird's diffus,
was für ein hausgemachter Stuß!
Eine Corona-Schule folgt zum Gruß,
Protest sei laut Lasota ein Muß.

Noch zu wenige gestorben?
Schwurbler fühlen sich dabei geborgen,
haben so gar keine Sorgen.
Vorbei der Spuk schon morgen?

Gesellschaftlicher Zerfall

Gespräche verebben
im Nacheifern der Gewalt.
Einige sich davonschleppen
im nahegelegenen Wald.

Eine Demo aus dem Ruder läuft,
während die Elite frohlockt.
Phrasendrescherei sich vielfach häuft,
Oppositionen haben's verbockt.

Stimmen verstummen
beim Anblick jener Gestalten.
Kein Laut mehr, kein Summen
bei der Jugend, auch bei den Alten.

Überwachung überhand nimmt,
während der Staat seine Macht absteckt.
Alles auf Bespitzelung getrimmt,
planvoll perfide ausgeheckt.

Demokraten verschwinden,
ohnehin die Geschichte vergessen.
Nützt nichts, des Menschen schinden,
Maßlosigkeit fördert das große Fressen.

Halloween as usual

When the sun is shining bright
you will see the amazing light
through all these things.
Thoughts giving wings.

When the earth is turning around
you will listen to the noisy sound
which people doing all day long.
What happens might be wrong.

When the sun is setting after a busy day
you and other guys will somehow say
that working may often be useless.
You'll never get rich, we guess.

When the night is falling on Halloween
you never have an idea or seen
what will happen in this horror night,
switch on a lot of bright light.

Maybe haunting will be gone
you've had much fun
at least for some lovely hours.
Next day there are heavy showers.

Hinterher wird erneut resigniert

Politische Arroganz,
welch Affentanz,
funktioniert reibungslos,
weil unterwegs hoch zu Roß,
deren Sinn nicht in Frage steht,
sie kommt und geht.

Bis zur nächsten Wahl
wird's erneut eine Qual,
Hauptsache Machterhalt,
egal wer dafür am Ende zahlt,
Geld spielt dabei keine Rolle,
das ist ja das fragwürdig Tolle.

Wenn am Sonntag wird gewählt,
abends die Stimmen ausgezählt,
verkündet die Glotze uns die Zahlen,
Sieger vor der Kamera strahlen,
danach wird wieder weiterregiert,
sowieso nichts Entscheidendes passiert.

Hinweg mit braunem Dreck

Im Nu
angezogen die Schuh',
was in der Politik Tabu,
ohnehin ein Clou,
nicht zu wählen jene CDU,
am Ende jetzt die Ruh?

Schließlich die Ampel sich anbahnt,
selbst wenn manch einer anmahnt,
ein Mißerfolg ihm schwant,
akribisch beäugt vom rechten Rand,
den Atem anhält das Land,
am Ende sich durchsetzt ganz galant.

Ein lang gehegter Traum,
weil lechzend gewisser Abschaum
nichts Gutes führt im Schilde wohl kaum,
in Gedanken Merkel erhängt am Baum,
wir müssen nun nach vorne schau'n,
lassen uns die Demokratie nicht klau'n!

Illusion von Liebe gezielter Hohn

Von wegen Fairneß,
davon kann kaum die Rede sein.
Wo man hinschaut Streß,
du fühlst dich oft ganz klein.

Von wegen Freiheit,
die begrenzt der Alltag.
Egal wie friedlich, doch Streit,
der meist gezielt im Argen lag.

Von wegen Demokratie,
die wird in Frage gestellt.
Immer mehr streben an Autokratie,
weil denen ein Führer gefällt.

Von wegen Kreativität,
die gefördert werden soll.
Einsicht erfolgt meist zu spät,
es herrscht haßerfüllter Groll.

Von wegen Menschlichkeit,
die existiert oft nur auf dem Papier.
Bald scheint es wohl wieder soweit,
im globalen Jetzt und Hier.

Im Miteinander verbunden

In die Welt geschrien
deine Meinung,
ihr Nachdruck verliehen.
Viel Leid ertragen
all die Opfer,
die sich kaum beklagen.

Freundschaften geschlossen,
ohne Zweifel
liebevoll festlich begossen.
Manches wir verdanken
im Austausch,
Geschichten in Köpfen ranken.

Ideen mit Leichtigkeit austauschen,
reinen Herzens
ihren Botschaften lauschen.
Im Miteinander verbunden,
ohne Neidgedanken
haben wir uns gefunden.

Im Schein des Kosmos

Gedanken kreisen durch das All,
bringen Ideen massenweise hervor.
Mensch steht stets vor seinem Untergang,
kaum eine durchgreifende Lösung in Sicht.
Seine Herrschaften sind im freien Fall,
doch zu wenige klimmen Leitern empor,
verfallen manch ablenkenden Überschwang,
befinden sich kurz vorm jüngsten Gericht.

Da, ein Raunen durch die Landschaft zieht,
weil Veränderung absehbar gutes verheißt.
Trotz jahrelanger Resignation Hoffnung erscheint,
den letzten Halm Beherzte ergreifen.
Seht nur, wie der Pöbel scharenweise flieht,
manch einer seinen Reichtum an sich reißt,
in all dem Elend und der Not ein Kind im Stillen weint.
Er will seine Verbrechen nicht im Geringsten begreifen.

So hat der Kosmos endlich seine verdiente Ruh,
zu lange er geduldig des Menschen Treiben zuließ.
Nichts vermag die Schöpfung aufzuhalten,
weder Krieg, noch Elend oder all dieser Schmerz.
Egal ob Allah, Buddha, Gott oder Manitu,
so manch Mensch wortreich von sich stieß,
schon in Urzeiten wußten zu genau die Alten,
vom stetig pochend gerechtem Herz.

In Erinnerung an entspannte Hoffnung

Schrumpferbsen in alten Zeiten,
ohne die in unendlichen Weiten
liderliche Gedanken verweilen,
sich sputen, dereinst eilen,
um von dannen zu ziehen,
folglich leise fliehen.

Und wer den Sinn hierbei sucht,
sei vortrefflich verflucht.
Keiner sich real offenbart,
aber die Menge glotzend starrt,
ob sich noch was tut in der Not.
Zu spät, der Poet ist tot.

Jagt sie von dannen

Hab noch schnell meine Meinung gesagt,
öffentlich, laut und deutlich.
Da hat tatsächlich jemand kritisiert, ungefragt,
find ich so gar nicht erfreulich.
Immer diese billigen Argumente im Raum,
so ganz ohne Sinn und Zweck.
Schlaft mal weiter in eurem Traum,
ick bin dann mal woanders, einfach weg.

Hab noch schnell Nachrichten gelesen,
im Stillen, ausführlich, war entsetzt.
Da haben die USA gebombt als sei nichts gewesen,
hier im Westen wurde erneut gehetzt.
Immer diese Verkünder von Wahrheiten,
so gänzlich ohne Scheu.
Hauptsache verunsichert, die Gescheiten
prassen mit Geld wie Heu.

Hab noch schnell letzten Sonntag gewählt,
öffentlich, im Stillen, für ne bestimmte Partei.
Denn eines ist unbedingt klar, was tatsächlich zählt:
Vergeßt jene radikale Schar und ihr tröges Konterfei.
Immer dieser Ruf nach Patriotismus, Nationalstolz und
Ehre,
so als ob die Welt wär keineswegs bunt.
Seht ihre falschen Blicke, jene bösartige Lehre,
sie uns behandeln wie Schund.

Keine Änderung in Sicht

Neue Köpfe braucht das Land,
wer regiert mit weiser Hand?

Tausend Worte sagen wenig aus,
zu viele leben halt in Saus und Braus.

Niemand kann die Leute überzeugen,
Argwohn und Mißtrauen Politik beäugen.

Solange Eliten gesättigt schweigen,
lassen Enttäuschte sich nichts mehr zeigen.

Systeme laufend seit ehedem versagen,
in den Gesichtern sieht man tausende Fragen.

Neue Köpfe könnten weise regieren,
was hat nur Humanismus real zu verlieren?

Die Gier nach ewiglichen Reichtum
verhindert Frieden, macht alles stumm!

Kein Konsens mit solch Nonsens

Sie haben versagt, versagt,
niemanden gefragt, gefragt,
weil wir drei Impfungen brauchen,
um Corona zu stoppen.

Regierung wird angeklagt, angeklagt,
bei denen kein Gewissen nagt, nagt,
als Konsequenz wird's rauchen,
die wollen uns alle foppen.

Ihr Leerdenker, laßt es einfach sein,
akzeptiert unser deutliches Nein,
es geht nicht um Meinung, sondern Fakten,
die verstehen natürlich keine Beknackten.

Wir lassen uns nicht unterdrücken,
sondern helfen, uns beglücken,
lebend diese Pandemie zu überstehen,
ihr werdet hingegen leer ausgehen!

Leer an Erkenntnis, ohne jedwede Menschlichkeit.
Ist es schon wieder soweit?
Wie damals in jener dunklen Zeit,
wo solche wie ihr sich bei Nazis eingereiht?

Kein Wandel in Sicht

Solange Armut herrscht,
kann keine Rede von Wohlstand sein.
Wer ständig seine Kassen auffüllt,
der ist ein Kapitalistenschwein.

Wir mögen über die Wut streiten,
die treffsicher sich Wege sucht.
Diskussionen führen nicht zum Ziel,
ändert die Zustände, Herrschaftszeiten!

Doch das Kapital hat kein Erbarmen,
keine Moral, Ethik oder Gewissen.
Politik reagiert nach eigenem Plan,
die Meisten werden regelrecht beschissen.

Solange Reichtum sich ausbreitet,
kann keine Rede von Frieden sein.
Wer nonstop zu schlichten versucht,
bleibt mit seinen Problemen allein.

Mensch hat es jederzeit in der Hand,
Zusammenhänge ernsthaft zu überdenken.
Doch er verpaßt so manche Gelegenheit,
vermag kein gesundes Leben allen schenken.

Kurz bevor Waffen sprechen

Säbelrasseln im Westen,
es steht nicht zum Besten.
Der Osten am Aufrüsten
bis zu den Schwarzmeerküsten.
Krieg in Europa steht bevor,
welch haßerfüllter Chor.
Diplomaten längst gefordert,
von Politik gezielt beordert.
Völker staunen ohnmachtgleich,
der Kampf Arm gegen Reich
wird tunlichst ignoriert,
obwohl ständig weltweit passiert.

Leerdenker so schlimm wie Henker

Mit Varianten
kommt Humanismus abhanden.
In all diesen Demos zu sehen,
welch absurdes Geschehen.
Sie plärren für Freiheit,
aber ignorieren eine Nazizeit.
Verstand schlichtweg enthemmt,
haben wohl in der Schule gepennt.
Übers dringend notwendige Impfen
lauthals und blindlings schimpfen.
Todeszahlen schlichtweg ignorieren,
aber Hauptsache stets fabulieren,
Bill Gates und andere seien schuld,
welch verschwörungstrotteliger Kult.
Die Saat rechter Ideologie geht auf,
ein sich wiederholender Verlauf.
Sie hätten gern die Gesellschaft gespalten,
um im Anschluß zu schalten und walten.
Leerdenker so schlimm wie Henker,
Demokratie will dies aber nicht mehr.
Politik muß endlich gezielt handeln,
bevor jene Kräfte alles verschandeln.

Liebesspiel bei Dämmerung

Reizvolle Einblicke erhellten den Tag,
nach Wochen der Winterkälte.
Wie schön frühlingshaft sie da lag,
genußvoll das warme Sonnenlicht wählte.

Liebreizende Bewegungen Interesse weckten,
eh und je dem Liebesspiel glich.
Schön langgeformte Beine sich streckten,
um zu kokettieren, verführten jeden an sich.

Was in jungen Jahren unvergessen uns widerfuhr,
suchte stets Wege liebreizender Erinnerung,
ob im Bad, im Zimmer oder auf einem langen Flur,
das Liebesspiel fand statt, des tags, bei Dämmerung.

Drum wollen wir auch heute noch beisammen sein,
etwas gealtert, aber um Erfahrung reicher,
uns liebend vereinen, gar romantisch im Kerzenschein,
und fühlen die Nähe, die Knie werden weicher.

Lug und Trug

Klein beigeben
keine Option.
Nach Macht streben -
was für ein Hohn.

Großes erreichen
das erklärte Ziel.
Sich davonschleichen,
dazu gehört nicht viel.

Politiker tönen
vor jeder Wahl.
Beherztes Versöhnen
manchmal wird zur Qual.

Vieles versprochen
wie schon so oft zuvor.
Heuchler kamen angekrochen,
stiegen Treppchen empor.

Noch nicht durchschaut
jenes grausame Treiben,
wobei sich kaum jemand traut,
aufrichtig zu bleiben?

Lug und Trug soweit das Auge reicht

Immer schön die Wahrheit ausblenden,
lieber per Schlagzeilen verschwenden,
daß die Corona-Inzidenz sinkt,
dennoch eine hohe Todeszahl hinterherhinkt.

Hauptsache Spaß im baldigen Sommer,
was interessiert schon ein kritischer Donner.
Urlaubspläne und Krankenhausprofite zählen,
weil im Herbst wir wiederwählen.

Dann darf die neue Regierung es richten,
der Bevölkerung manch Mär dichten,
von geschönten Zahlen, Glücksgefühlen,
bloß keine Skandale aufwühlen.

Schließlich braucht die Made im Speck
ihren Reichtum zum Selbstzweck,
während der Bürger nur funktionieren muß,
jedwede Kritik sei daher gezielter Stuß.

So tickt die Welt seit eh und je,
weil seitdem nichts Konstruktives mehr gescheh.
Wer meint, man könne diesen Kurs beenden,
der wird manch Leben noch verschwenden.

Menschen nur noch Zaungäste

Stets in Bewegung bleiben
oberste Priorität.
Noch ist es nicht zu spät,
so kurz vor erneutem Kriegstreiben.

Da, ein Innehalten aufkommt
während zweifelnder Gedanken.
Manch Theorien um uns ranken,
wenn der Hegemon mal wieder bombt.

Menschen zaudernd erschrocken blicken,
als grelles Licht erscheint.
Unter brenndendem Stahl ein Kind weint,
bei weiß Vermummten Geräte ticken.

Mutter Erde dreht ihre Bahnen
wie eh und je im All.
Homo sapiens war ein spezieller Fall,
selbst Gott konnt's nicht erahnen.

Was Weisheit alles vollbringt,
all das Erschaffene und Zerstörte.
Macht am Ende Menschheit betörte,
ihr Lebensschiff für immer sinkt.

Momente der Besinnung

Gedanken spielen verrückt
im Traum,
eine Vogelschar total entzückt
im Baum,
während du dich im Bette wälzt,
am nächsten Morgen ihn erzählst.

Illusionen täuschend echt
uns verunsichern,
Kindern machst du gar nichts Recht,
sie völlig befreit kichern,
während Erwachsene sie belehren,
Jugend verweilt in eigenen Sphären.

Ideen wollen geboren werden
am laufenden Band,
das war schon immer so auf Erden,
Mensch pflegt seinen Verstand,
während der Kosmos erstaunt zuschaut,
was diese Spezies sich so traut.

Momente einer unruhigen Zeit

Hooligans brüllen lauthals im Stadion
für ihre Mannschaft,
die Gegner in haßerfüllten Augen.
Eine nackte Frau im Kölner Dom
die Messe stört, riskiert die Haft,
gespächslose Proteste nichts taugen.

Kinder armer Leute müssen schweigen,
wenn Geschenke laut Amt zu teuer,
weil SPD-gerecht so beschlossen.
Banker sich siegessicher zeigen,
wie's stets gewesen bis heuer,
werte selbstgerechte Parteigenossen!

Nicht die Welt ist heimtückisch und schlecht,
aber die ewig gierige Macht,
die ständig neue Opfer für sich findet.
Es herrscht keine Liebe, doch das sichere Recht,
welches Elend, Zerstörung und Kriege entfacht.
Manch Lüge von Wohlstand wird verkündet.

Wo sind die Nischen des Rückzugs geblieben?
In der Stille der Nacht lautes Geschrei erklingt,
für die Belange des Nächsten keine Zeit vorhanden.
Wer hat unsere Mitmenschlichkeit vertrieben?
Manchmal ein verirrtes Kind andächtig singt,
während Profiteure Landschaften verschandeln.

Mutter Erde keineswegs entzückt

Mutter Erde ist groß oder eher klein,
wohin des Wegs einfacher Mann?
Am Ende stehst du allein,
weil Mensch nicht anders kann.

Mutter Erde hat genug zu geben,
manche wollen Reichtümer häufen.
Am Ende bleibt nicht viel vom Leben,
weil Menschen in Armut ersäufen.

Mutter Erde dreht sich nicht allein durchs All,
manch schlaue Geister suchen allerorten.
Am Ende nichts gelöst so Knall auf Fall,
weil Menschen ratlos sich verlier'n in Worten.

Mutter Erde glänzt durch viel Geduld,
manch Krieg und Elend hat gesehen.
Am Ende gibt jeder sich die Schuld,
weil unfaßbar all dies bösartige Geschehen.

Mutter Erde wünscht sich endlich Frieden,
wohin mag der kleine Mann noch fliehen?
Am Ende haben die Götter Menschen gemieden,
weil sie all die Zerstörung nicht verziehen!

Nach der Wahl...

Kommentar eines Nichtwählers...

Mit Sozialdemokraten
wohl eher schlecht beraten.
Die Union
wähnt sich stets auf dem Thron.
Die Grünen
tummeln sich hinter Dünen.
Mit Liberalen
erlebste zu viele Qualen.
Die Zahlen der Linken
stetig sinken.

Ein Jugendlicher erwidert...

Die Partei des Scholz
entpuppt sich als zu stolz.
Der Haufen der Union
ein einziger ranziger Hohn.
Grünenpolitik
letztlich *der* Hit.
Jene Liberalen
glotzen ständig auf ihre Zahlen.
Mit linken Socken
kannste gut zusammenhocken.

Kommentare von Parteigetreuen...

Bei den Sozialdemokraten
darf jeder Gerechtigkeit erwarten.
Nur die Union
trifft stets den richtigen Ton.
Grüne Politik
längst etabliert und schick.
Wir Freidemokraten
Euch von Rotgrünrot abraten.
Ohne uns Linke im Bundestag
man sich besser nicht wünschen mag.

Nachmittags im Winter

Drahtesel schlittert unverhofft,
kein Eis und Schnee auf der Straße,
Leichtsinn im Spiel wie so oft
als Schüler der fünften Klasse.

Deine Freunde feixend lachen,
konnten daher einfach stoppen,
aber du machst keine halben Sachen,
möchtest alle am liebsten toppen.

Was die Jugend stets ausprobiert,
gehört schlichtweg zum Leben,
egal was dabei auch passiert,
unwichtig ein gezieltes Streben.

Erwachsene wollen belehrend sein,
verstehen mitnichten die Rebellion,
alles erlaubt nicht nur zum Schein,
von Mut, Arroganz bis hin zum Hohn.

Das Rad steht wieder im Schuppen,
zu Hause man für die Schule übt,
die kleine Schwester spielt mit Puppen,
du selbst abgelenkt, da frisch verliebt.

Narzißmus im Überfluß

Blitzlichtgewitter
flackert kurz auf.
Trump im Twitter,
dessen Texte zuhauf.

In geeignete Pose
sich selbst gebracht.
Welch Getose,
die halbe Welt lacht.

Fettnäpfchen
zu genüge bedient.
Wie nen Frettchen
in jede Kamera grient.

Narzißmus
hat Hochkonjunktur.
Kaum Verdruß,
bleibt dabei stur.

Geschäftssinn
reiht sich prima ein.
Dieses Doppelkinn
grinst nur so zum Schein.

Naturgewalt reagiert einfach

Sonnendurchflutet
ein Lüftchen weht,
es sei nie zu spät,
wenn man sich sputet.

Regenwolken am Horizont
deuten auf Sturm,
Mensch sitzt trocken im Turm,
Kinder in Afrika an der Front.

Gewitter und Donnergrollen
notwendige Konsequenz,
nach kalten Tagen wieder der Lenz
uns beglückt zum Tollen.

Das Wetter wir gern beobachten,
pflegen und hegen jedwede Information,
soviel Ignoranz derweil ein grausiger Hohn,
weil etliche lieber nach Haß trachten.

Die Klimakrise fordert längst ihren Tribut,
immer noch wird zaghaft gezaudert,
in Plenen mühsam geplaudert,
einfach behauptet, alles wird gut.

Nicht nur der Erlkönig

Wer fährt so spät durch Nacht und Wind?
Es ist ein Vater mit seinem traurigen Kind.

Wer kriecht so früh durch Schlamm und Moor?
Es ist der Soldat, ein Krieger und Tor.

Wer redet allseits in Radio- und Fernsehanstalt?
Es ist der Moderator und verkündet Gewalt.

Wer macht vor Wahlen große Versprechen?
Es ist der Politiker – sein Betrug kein Verbrechen.

Wer verdient am Volk ohne Moral und Scheu?
Es ist die Wirtschaft mit Geld wie Heu.

Wer lacht und weint völlig ohne Hintergedanken?
Es ist das Kind, noch kennt es keine Schranken.

Wer scheint zu wissen, was schon immer war?
Es ist die Schöpfung, die Welten gebar.

Nichtsnutz statt Klimaschutz

Kein Entrinnen
beim Klima,
wie von Sinnen,
alles andere als prima.

26th Conference of the Parties,
ein Desaster ohnegleichen.
Im Ergebnis letztlich mies,
die Länder stellen keine Weichen.

FFF völlig zurecht auf den Straßen,
der Widerstand muß wachsen.
Doch Eliten können es nicht lassen,
schaut euch an, diese Fratzen.

Von Einsicht gar keine Spur,
viel Blabla ohne Konsequenz.
Kaum durchzuhalten jene Tortur,
welch dramatische Präferenz.

Parallelwelten außer Rand und Band

Wege der Entfaltung überall präsent,
bloß nichts hinzudichten,
weglassen, wenn es real brennt,
bei Fakenews mitnichten.
Die werden als real verkauft,
Covidioten und Nazis Hand in Hand,
was sich dabei so alles zusammenrauft,
gefährlich und eklatant.
Genau so gewollt, könnte man meinen,
Politik schaut pikiert weg,
muß dies betont verneinen.
Wirtschaft und Radikale unter einer Deck'?
Nur keine Fragen stellen,
vertuschen steht zur Diskussion,
man wolle niemand verprellen,
erst recht nicht die Union.
So redet man sich die eigene Welt schön,
das hat schon lang Tradition,
Kritiker sich niemals daran gewöhn',
was für ein dramatischer Hohn!

Parteiengerangel

Wir wollen keine Kirche im Dorf lassen,
überhaupt nichts verpassen,
viel eher ungebremst prassen,
rasen auf allen Straßen,
es zählen nur die oberen Klassen,
wir dulden selbst einen Maaßen,
im Schrank sind kaum noch Tassen.

Es zählt soziale Gerechtigkeit,
ein Politikwechsel ist längst bereit,
zuvor waren wir begrenzt zu zweit,
für manche gefühlt eine Ewigkeit,
doch die Menschen sind es längst leid,
es wird allerhöchste Zeit
für einen unverkennbar neuen Hype.

Mutter Erde umgeben von Grün,
vieles haben wir, aber keinen Spleen,
so manch Idee erscheint vielleicht kühn,
es gilt aber ernsthaftes Bemühen,
auch Hoffnung überall versprühen,
in Diskussionen für Standpunkte glühen,
nicht vor Konservativen knien.

Verschrien als ewiggestrig linke Socken
möchten wir dennoch mal andocken,
bloß nicht mit falschen Versprechen locken,
ein gewaltig herausfordernder Brocken,
unlösbar mit passivem Herumhocken,
vorbei jenes chaotische Abzocken,
es gilt, Nazis und Mächte zu blocken.

Hochstaplerisch erkennbares Prahlen,
das zeichnet sie aus, die Liberalen,
mit ihnen seien vorbei allerlei Qualen,
auf, auf, steigt mit ihnen in die Pedalen,
was interessieren schon Prognosezahlen,
sie stellen sich mutig den Wahlen,
um im Lichte gelb-blau zu strahlen.

Politik am Pranger

Es ist nett,
daß Politik Kompromisse praktiziert,
weniger erfreulich,
den Schaden trägt die Bevölkerung.

Es ist nett,
daß Politik ausgiebig verhandelt,
weniger erfreulich,
wenn Trippelschritte nicht fruchten.

Es ist nett,
daß Politik einen Nikolauskanzler wählt,
weniger erfreulich,
Mittelmaß hatten wir schon zuvor.

Es ist nett,
über Politik zu meckern,
wichtig dabei,
den Überblick stets behalten.

Es ist nett,
über Politik zu dichten,
wichtig dabei,
überlegt gezielt zu richten.

Es ist nett,
über Politik zu schwärmen,
wichtig dabei,
ihr nicht alles durchlassen.

Raus aus der Sackgasse

Draufhauen,
Ideen klauen,
böse schauen,
zerstören,
Ahnungslose betören,
Haß heraufbeschwören.

Wie wäre es mal mit lieben,
statt nonstop andere zu bekriegen?
Woran mag das wohl liegen,
jenes brutale Handeln,
alles irgendwie zu verschandeln?
Besser in Positives verwandeln.

Mensch, schau an all die Taten,
ohne ständig darauf zu warten.
Mutter Erde ist dein einziger Garten,
der behutsam gepflegt werden muß.
Beende diesen maßlosen Überdruß,
sonst ist schon bald endgültig Schluß.

Reflektiere das Leben

Einfach mal sich fallenlassen
ohne irgendwelche Vorbehalte.
Ein Ende vom ewiglichen Prassen,
zurück zum Anfang, somit ganz der Alte.

Still in sich hineinhören
an einem ruhigen Platz.
Die Hektik des Alltags abschwören,
verlassen den Streß, die Hatz.

Sein Leben Revue passieren lassen
mit selbstkritischem Abstand.
Manch einer mag's nicht fassen,
obwohl's nicht im Geringsten eine Schand.

Ganz ehrlich sich selber eingestehen,
wohin der eigene Weg wohl führen mag.
Dabei muß sich nicht alles um einen drehen,
weder Tag für Tag, fraglich, woran dies bisher lag.

Nur wer mit sich selbst scharf ins Gericht geht,
keinerlei Lügen oder Ängste zuläßt,
am Ende erleichtert vor der Schöpfung steht,
die einem dann zuspricht im Hier und Jetzt.

Reise ins Nirgendwo

Fröhlich blickst du in die Welt hinein
ohne Sicherheit und Halt,
magst manchmal zögernd warten.
Lichtdurchflutet begegnet dir der Schein,
selbst im dichten, dunklen Wald
erntest Früchte in deinem Garten.

Traurig ahnst du gedankenverloren
des nachts im aufgewühlten Bett,
wälzt dich deshalb hin und her.
Zögerlich ward die Idee geboren,
zweckfrei und somit ganz nett
ersinnt man eine Reise ans Meer.

Melancholisch entfremdet wirkt die See,
salzig laut das Rauschen der Wellen
umspült jedwede Sorgen.
Freundschaftlich genießen den heißen Tee,
im weitentfernten Hof Hundebellen
erinnert an viel zu frühen Morgen.

Aufgeregt angetreten die Rückreise,
unterwegs schöne Erinnerungen
lassen neue Ideen entfalten.
Manchmal denkst du auf deine Weise,
es sei geniales gelungen,
obwohl vieles bleibt beim Alten.

Rückkehr der Weisheit

Innehalten
in tiefen Gedanken.
Schalten und walten
nur nicht wie Banken.

Verharren
mit dem richtigen Gespür.
Lautstarkes Knarren
öffnet so manche Tür.

Beginnen,
gezielt und äußerst beherzt.
Besinnen und gewinnen,
dabei kein Vertrauen verscherzt.

Handeln
im Sinne der Humanität.
Mutter Erde nicht weiter verschandeln,
sonst ist's tatsächlich zu spät.

Korrigieren
stets im richtigen Augenblick.
Stoppt jedes unnötige Profilieren,
jede Gier ist ohnehin ein perfider Tick.

Ruhe vor dem Sturm betrifft jeden Wurm

Lange hast du nachgedacht, in stillen Momenten
gar Freude entfacht, sie zügellos zu verbreiten.
Dennoch darbt Armut zwischen Kindern und Rentnern,
wenn Politiker lügen, die ach so Gescheiten.

Jetzt fragst du dich, was wir wohl bewegen können,
bevor noch mehr Leid die Menschen erreicht.
Wälzt Argumente, warum sie uns nichts gönnen,
erkennst den Grund, der eigentlich so leicht.

Die Ruhe vor dem Sturm betrifft jeden Wurm,
selbst den, der unterm Stein vorkriecht.
Sie fühlen sich sicher im höchsten Turm.
Woran solch Trugschluß nur liegt?

Vergessen, daß ein wütender Mob kaum aufzuhalten?
Es nützt keine Festung vorm klaren Erkennen,
wie Eliten unbedarft schalten und walten.
Am Ende müssen jene um ihr Leben rennen!

Revolten liegen in der Luft, verbreiten den Duft der Wut,
der gewaltvoll sich Wege sucht. Gespräche längst
beendet,
andere Ideen und Lösungen erbringen den nötigen Mut,
den wache Geister losgetreten nunmehr gesendet.

Die Botschaft steht deutlich in den Köpfen geschrieben.
Ihr habt uns viel zu lang schon hintergangen,
das Wichtigste aus den Augen verloren - das Lieben.
Nunmehr haben andere Zeiten angefangen.

Spannung steigt – wer was vergeigt

Wahlkabine im Visier,
spät nachmittags um Vier,
in den Saal gestolpert,
beim Kreuz etwas geholpert,
zuviele Parteien zu lesen sind,
gefunden, die man wählt geschwind.

In aller Ruhe Briefwahlunterlagen lesen,
als sei es gestern erneut gewesen,
das System denkbar einfach vor dir liegt,
welche Partei wohl morgen siegt,
solch Frage dir durch den Kopf schwirrt,
manch Kandidat/in meint, er oder sie brilliert.

Die Wahl richtungsweisend sein mag,
wer weiß, was geschieht am Sonntag,
mit der Union, das wäre der reinste Hohn,
Deutschland und Europa sich nicht belohn',
mit den Sozen und den Grünen im Boot,
ein Ende zurückliegend verursachter Not.

Spielverlust

Er muß gehen, der Held,
da nützt ihm nicht all sein Geld,
schließlich obsiegt das Gesetz
trotz manch schräger Hetz'.

Er darf das Land verlassen,
pfeifen Spatzen in vielen Gassen,
zumal die Medien sich überschlugen,
es in die Welt hinaustrugen.

Keine Chance zum 21. Grand Slam,
das weiß jetzt jeder Fan,
Hochmut kommt vor dem Fall,
in der Tenniswelt war's ein Knall.

Stille Nacht

Still die Nacht,
wer hat wem was mitgebracht,
was wurde gesagt,
ungefragt überragt,
liebevoll gelacht,
mal laut, mal ganz sacht?

Dennoch hat's gekracht,
welch gefährliche Fracht
in der Weihnachtsnacht,
manch ein Verdacht,
Politik zu wenig wacht,
vieles bleibt ungesagt.

Still die Nacht,
zu viel Leid beklagt,
Migranten werden gejagt,
das die Rechten erstarkt,
kein Widerstand es wagt,
der Staat sie nicht anklagt!

Stillstand gibt nichts her

Krieg entfacht,
halb totgelacht,
aufgerafft,
damit es kracht.
Schicht im Schacht,
ganz sacht
Augen zugemacht.
Nur so ausgedacht?

Nach Freiheit streben,
alles dafür geben,
selbst das Leben.
Eben.
Sich bloß nicht überheben
beim geistigen Weben.
Das wär wohl daneben.
Bis zum nächsten Beben.

Keine Lösungen mehr,
der Kopf nur noch leer.
Man wünscht sich so sehr,
daß da eine Idee wär,
mit nem gescheiten Flair.
Stillstand gibt nichts her,
gleichmäßig rauscht das Meer.
Vieles bleibt unfair.

Es gibt so bestimmte Tage,
außer Frage,
die zeigen dir die miese Lage.
Nicht aus einer alten Sage,
keiner undurchdachten Klage,
gar besonders herausrage.
Manch Gewissen nage,
wer denn den Weg zur Wahrheit wage.

Krieg entfacht,
halb totgelacht,
aufgerafft,
damit es kracht.
Schicht im Schacht,
ganz sacht
Augen zugemacht.
Nur so ausgedacht?

Stillstand keine Option

Stillstand der Gefühle
offenbaren ihren Preis,
Menschen im Gewühle,
der Sommer mitnichten heiß.

Reizvoll schönes zerrinnt,
während Ängste aufkommen.
Bald schon jedes Kind
weiß vom Krieg, ganz benommen.

Was heute zählt, mag morgen
längst nicht mehr gelten.
Niemand nimmt uns die Sorgen,
Flüchtende verweilen in Zelten.

Da schreien sie nach Nationalität,
fordern ihr germanisches Glück.
Doch am Ende die Liebe zählt,
die uns weiterhilft, Stück für Stück.

Stillstand der Gedanken
bedeuten das Aus der Menschheit,
drum darf niemand zögerlich schwanken,
helft einander, seid stets zum Frieden bereit.

Suche nach Frieden

Reißleine ziehen,
in Sicherheit bringen.
Viele fliehen,
Klagelieder erklingen.

Auf dem Wasser treiben,
kein Land in Sicht.
Tote zurückbleiben,
es spritzt die Gicht.

Länder bekriegen,
Not und Elend folgen.
Nachrichten nach belieben
manche vergolden.

Neider erneut hassen,
Gewalt sich Wege sucht.
Sie können's nicht lassen,
seien somit verflucht.

Kein Frieden auf Erden
soll daher stattfinden.
Überall jenes Verderben
scheint sich emporzuwinden.

Systemwechsel in altbekannte Bahnen

Scharfe Worte voller Tatendrang
Wege der Entfaltung suchten,
manch Angeprangerte giftig fluchten.
Welch bösartig schriller Klang!

Statt Argumenten hohle Phrasen
Wege der Erschütterung fanden.
Ob sie beim Empfänger landen,
weil Fanatiker zum Angriff blasen?

Während gar Führergedanken
in manch verirrten Köpfen kreisen,
in Wortgefechten öfters total entgleisen,
mögen suchende Bürger noch schwanken.

Rattenfänger im lautstarken Übereifer
genau jene zu suchen beginnen,
fest überzeugt, auf ganzer Linie zu gewinnen.
Werden Menschen nach alldem niemals reifer?

Friedliche Ansagen voll ehrlichem Elan
können nur moderate Antworten sein.
Laßt sie in eure unsichere Herzen rein.
Wenn nicht, entfaltet sich Haß, voller Wahn.

Trügerische Landschaft

Kurvenreich die Strecke
durchs hügelige Land sich zog,
während Schneefall
den Verkehr behinderte.
Drei Wanderer unterwegs,
spärlich gekleidet
stolpernd kaum Halt fanden,
zuviel Frost auf dem Asphalt.
Ein Auto schleuderte
ihnen unvermittelt entgegen,
dem Fahrer mit zwei Promille am Steuer
erschien die Landschaft menschenleer.
Eine Schneewehe rettete sie,
der Wagen krachte gegen einen Baum,
jede Hilfe für ihn kam zu spät,
Aufräumarbeiten dauerten lang an.
Im Sommer erinnert ein Kreuz
an jenes schreckliche Geschehen,
von weitem kann jeder es sehen
als Mahnung oder traurige Erinnerung.

Unbelehrbar

In sich kehren,
ratsam empfohlen.
Niemand drum scheren,
wenn Muße gestohlen.

Lieblos berichten
über gewollte Kriege.
Reiche niemals verzichten,
verkünden stolz Siege.

Stets belehren
ohne Sinn und Verstand.
Meinungen vermehren
mit harter Hand.

Ahnungen sich verdichten,
welch Absicht initiiert.
Quer durch Gesellschaftsschichten
lügt's sich ungeniert.

Wer zieht die Reißleine,
bevor es zu spät?
Nicht nur so zum Scheine,
ehe alles Leben verweht?

Verliebt bis über beide Ohren

Reizvolle Gedanken erreichen deine kühnsten Träume,
die hoffnungslos erscheinen mögen,
dennoch man bloß keine Gelegenheit versäume,
mit dabei zu sein an so manchen Trögen.

Hinweggefegt solch lustwandelnde Gedanken,
die ohnehin schier aussichtslos in weiter Ferne,
da stehst du nun auf schwankenden Planken,
denkst zurück an diese Blicke, hast sie richtig gerne.

Im Rausch verliebter Augenblicke die Zeit vergeht,
wehmutsvoll ihre Nähe stets herbeigesehnt,
dich fragst, ob sie auch deine Liebe versteht.
Vorbei die Zweifel, als sie sich bei dir anlehnt.

Verliebtsein ein Zustand, der uns im Banne hält,
man die Welt dabei fast gänzlich vergißt.
Denn nun einzig und allein das eine zählt:
Sie für sich zu gewinnen, selbst per beherzter List.

Die Natur kennt jenes Bezirzen und Umwerben,
was überall sich ganz ähnlich abspielt.
Tragisch genug ein Nein, die inneren Scherben,
wenn plötzlich ihre Liebe einem anderen gilt.

Von Einsicht keine Spur

Affenlaute in Stadien erklingen
neben nationalistischem Singen.
Im Fußball die kranke Seele sich zeigt,
humanistische Einstellung vergeigt.
Rassismus hat erneut Hochkonjuktur,
von Lernfähigkeit gar keine Spur.
Solange wir solch Verbrechen zulassen,
entwickelt sich jenes tröge Hassen.
Toleranz letztlich nur eine Phrase,
der Mob tobt erneut auf der Straße,
während reiche Gesellen
wieder Faschismus bestellen!

Vorweihnachtszeit

Keine Zeit mehr vorhanden,
wo wird unser Dasein wohl landen?
Hektik allenthalben sich Wege sucht,
man daher lästigen Streß verflucht.
Kommerz überall Geschäfte wittert,
vor Neugier und Aufregung man zittert.

Die Vorweihnachtszeit hat begonnen,
manch einer schaut irritiert ganz benommen.
Emsiges Treiben die Nerven belastet,
Vorsicht geboten, bloß nicht überhastet
die Tage ruhelos beherrschen lassen,
vor lauter dominant klingenden Kassen.

Lehnt Euch auch mal gelassen zurück,
betrachtet mit Andacht das ein oder andere Stück.
Denkt an fragende Kinderaugen,
für die gestreßte Eltern so gar nichts taugen.
Kein Geld der Welt wird Glücksmomente erzwingen,
Ihr müßt schon notwendige Geduld mitbringen.

Wagnis oder Resignation?

Außer Fragen
an vielen Tagen
möcht' man's wagen?
Nichts sagen,
außer manch Klagen,
die somit herausragen?

Politik
etwa ein banaler Trick,
das wäre chic?
Wer wagt den Blick,
nach vorn oder zurück,
ohne Worte, mit Musik?

Beim Lauf der Welt
zählt nur noch Geld,
egal wer wen wählt.
Wer was davon hält,
ob im Haus oder im Zelt,
ob er fällt oder sich schält?

Das Ende eine Qual,
ob mit oder ohne Wahl,
erscheint in manch Saal,
der Blick dabei ziemlich fahl,
auf einmal
empor aus finstrem Tal:

Ein wachsames Aufbegehren,
man möchte es sofort verzehren.
Eindrücke dabei sich vermehren,
Taschen geheimnisvoll entleeren,
ein eindrucksvolles Ausscheeren,
niemand kann sich dem erwehren.

Wähler haben es in der Hand

Wenn dir morgen mal wieder die Union
das Blaue vom Himmel verspricht,
sag Nein.
Denn eine Klimakrise wird verharmlost,
Geschäfte mit Covid-19-Masken initiiert,
Korruption und Pöstchenreiterei,
wohin das Auge gelangt,
drum wähle sie im Herbst nicht.
Das Wachstum und das Auto seien sehr wichtig,
so argumentieren all die treuen Wähler
jener Volkspartei, die Menschen mißachtet.

Wenn erneut morgen Wasser durch Städte fließt,
weil Wetter zum Leben halt gehört,
sei nicht verstört,
auch dich hat die Union betört.
Mit Schwamm drüber kommt niemand weit,
es ist jetzt allerhöchste Zeit,
jene verlogene Politikklientel abzuwählen.
Nichts mehr mit davonstehlen.
Beim Überleben zählen beherzte Taten,
Lügen entlarven, nicht noch länger warten.

Wahlkampfzeiten

Es wird immer schnöder,
nun versucht's der Söder.
Die Union auf Kanzlersuche,
hinweg von schwarz-rotem Tuche.
Den Grünen wollen sie trauen,
ob's fruchtet, mal schauen.
Sahra hat die Linken verprellt,
nur noch Nationalismus wohl zählt.
Deutschland im Herbst zur Wahl,
das wird eine Qual diesmal.
Die Liberalen und die Nazis Randfiguren,
schlagen sich zielsicher trotz Blessuren.
Die Sozen wahrscheinlich in der Opposition,
geschieht ihnen recht, kommt davon.

Wehmut allerorten

Manch Randnotiz
ein schlechter Witz,
allzu viel Ehre
läuft ins Leere,
bloß keine Hast,
eh nichts verpaßt.

Zeit läuft davon,
eine Musik ohne Ton,
verlogene Versprechen
sich nunmehr rächen,
Mutter Erde stöhnt,
wurde zu oft verhöhnt.

Wer das Gute nicht sieht,
am Ende alles flieht,
die Gier hat's vermasselt,
in Talkshows nett gequasselt,
Zerstörung allüberall
kurz vor dem großen Knall.

Lehnt euch mal zurück,
zumindest ein kleines Stück,
es ist niemals zu spät,
obwohl alles durcheinandergerät,
den Faden neu zu knüpfen,
Gedanken freudig hüpfen.

Wer den Tod vor Augen hat,
selbstgefällig, aber dennoch satt,
das Ziel verloren glaubt,
seiner inneren Kreativität beraubt,
dem sei am Ende alles egal.
Hatte er zuvor etwa eine Wahl?

Wenn Waffen sprechen

Mittags
kurz vor Friedensende
in Europa.
Was war eher da?
Krieg oder friedliche Hände?
Mensch, sag's!

Diplomatie
erneut versagt
in Europa.
War's schon immer klar?
Kinder leiden ungefragt,
welch brutale Ironie!

Krieg
unmittelbar anklopft
in Europa.
So wie weltweit jedes Jahr.
Menschliches Blut dann tropft,
es gibt niemals Sieg!

Wer schweigt, macht sich mitschuldig

Solange Politiker Faschismus dulden,
Lobbyisten sich maßlos verschulden,
darf und muß man dies anmahnen,
sobald sich jene Zustände anbahnen.

Solange Ärzte Krankheiten ignorieren,
Patienten dennoch bei ihnen parieren,
muß man sich mit Nachdruck wehren,
weil die sich um uns einen Dreck scheren.

Solange die Gesellschaft Reichtum zuläßt,
obwohl der bekanntlich zu viele verletzt,
sollte man sich nicht wundern über Krieg,
denn der bedeutet niemals wirklich Sieg.

Solange wir stillschweigend zuschauen,
zu wenige sich beherzt trauen,
kann Freiheit sich nicht gerecht entfalten,
das wußten übrigens vorher auch die Alten.

Solange Journalisten und Dichter mahnen,
manche dadurch Erkenntnisse erahnen,
möchte manch einer die Haare raufen
oder schlichtweg einfach davonlaufen.

Wer zieht die Reißleine, bevor das Boot untergeht?

Weißt du, was des Menschen tiefste Sehnsucht,
wenn mal wieder Bilder über all die Gewalt
weltweit allerorten sichtbar sind?

In hingebungsvoller Liebe sich gegenseitig achtend
einander respektvoll begegnen,
vorurteilsfrei, aber auch bedingungslos.

Das scheint nicht ansatzweise zu fruchten,
solange der Profitgedanken sich manifestiert,
der eine dem Nächsten alles mißgönnt.

Weißt du, wieviel Tränen in Kissen vergossen,
weil so viel unnötiges Leid geschehen,
oftmals die Gewalt Normalität geworden?

In zauberhaft schönen Büchern, liebevoll illustriert,
um unseren Kleinsten Geschichten daraus vorzulesen,
während da draußen ein System auf sie wartet.

Das denkt nicht im Traum daran, seinen Sinn zu über-
denken,
Hauptsache der Geldhahn nicht enden wollend fließt
im Rausch der nüchternen Bilanzen fernab vom Ge-
schehen.

Weißt du, es ist keinesfalls für uns zu spät,
die Reißleine zu ziehen, bevor das Boot untergeht.
Haben manche schon längst begonnen?

In kleinen Nischen, teilweise kaum bemerkbar,
ohne jede Heimlichkeit, findet bereits ein Umdenken statt,
obwohl dem Alltagstrott der Mensch noch verfallen.

Das läßt viele hoffen, dieser eingeschlagene Weg,
den keine Macht durch nichts aufhalten wird,
denn es geschieht jetzt, bevor Gewalt endlos weitergeht.

Wieder Krieg im Gelobten Land

Einseitige Statements machen die Runde
zugunsten der Hamas, Palästinenser,
übertrieben und oftmals immenser,
welch trügerische Kunde.

Keine Gewalt sollte dabei eskalieren,
ein viel zu langanhaltender Konflikt
offenbart sich durchaus als verzwickt,
jene Gegner haben viel zu verlieren.

Am Ende viel Tod und Besiegte,
Waffenlobbyisten profitieren wie und je,
Politik hat keine kompatible Friedensidee,
Mensch schon viel zu lang sich bekriegte.

Wie vor hundert Jahren

Geschenkt, weil abgehängt,
umsonst verrenkt, da verdrängt
all die vergebliche Qual,
ob vor oder nach der Wahl.

Politik findet im Alltag statt,
manche sind mehr als satt,
sie blicken auf all jene herab,
das hält sie offensichtlich auf Trapp.

Soziale Spannungen halten an,
obwohl man diese doch ändern kann,
verkehrte Verteilung das Problem,
anhaltende Ignoranz ziemlich bequem.

Statt aus der Geschichte zu lernen,
lautet's, sich von einander entfernen,
es interessiert nicht mehr das Leid,
wir sind mal wieder soweit.

Nazis läßt man wieder gewähren,
das könnt ihr hinterher nicht erklären!
Beste Voraussetzung für Zerstörung,
wo bleibt die nötige Empörung?

Wohin die Liebe nur fällt

Blendendweiße Zähne lächeln dich freundlich an,
und du grübelst, was da noch geschehen mag.
Bis nach langen Gesprächen und Blicken irgendwann -
wie soll es anders sein -, sie in deinen Armen lag.

Wohin die Liebe nur fällt, kann kaum jemand bestimmen,
sehr viele Facetten tragen geheimnisvoll dazu bei.
Mal sind wir ganz klar im Kopf, mal wie von Sinnen,
am Ende glaubt man zu wissen: Wir lieben uns, wir zwei.

Verliebte blenden aus die Alltagssorgen,
verschwenden kaum Zeit für andere Gedanken,
was jetzt ist, das zählt. Was interessiert da morgen?
Was heute sich gut anfühlt, könnte morgen schwanken.

Drum halten viele Beziehungen nicht auf Dauer,
weil im Rausch schöner Gefühle die Macken nicht sieht,
wer nicht erkennt, daß neben Sonne, da sind auch
Regenschauer.
Auf diese Weise dann schon mal die Liebe entflieht.

Halten wir uns dran, suchend, uns dennoch zu finden,
denn die Liebe gehört zum Leben ohnehin.
Man möcht' sie nicht missen, dafür gern sich schinden,
und so sich sagt: Liebe hat ihren tiefen Sinn.

Worte erzählen - Bürger wählen

Wohlbehütet, eingetütet,
wie benommen, ganz verschwommen
siehst du Menschenmassen,
die lärmend hassen.

Satt gegessen, ganz vermessen,
außer Rand und Band, an weißer Wand
sprayst du Bilder ziemlich bunt,
ein Beinchen hebt der Hund.

Nichts gewonnen, tausende Tonnen,
jene schwere Last, die ihr verpraßt,
will nicht von dannen gleiten,
erneut Herrschaften sich vorbereiten.

Worte erzählen, Bürger wählen,
gar manche Partei mit viel Bohei
erlangt voller Pracht ihre ersehnte Macht.
Deutschland, Europa – gute Nacht.

Schweigend ignorieren, zuviel verlieren,
wie zerronnen, so och nichts gewonnen,
viel Leid wurde dadurch erreicht.
Mensch, mach's denen bloß nicht so leicht!

Wunsch fürs Neujahr

Hurra,
das neue Jahr ist da.
Alles klar.
Vorbei, was einmal war?

Erneut eine Menschenschar,
Widerstand noch zu rar.
Welch Beginn im neuen Jahr,
unter ihr gar kein Narr.

Sie fordern Freiheit,
doch die geht zu weit.
Corona braucht seine Zeit,
erfordert geduldige Einigkeit.

Jene Leugner sind aber nicht bereit,
suchen viel eher provozierten Fight,
fühlen sich wohl in diesem Streit,
ergötzen sich an all dem Leid.

Möge der Kelch an uns vorbeiziehen,
es nützt so gar kein Entfliehen.
Vielmehr Zusammenhalt im Team,
selbst wenn Humanismus ist verschrien.

Zwei Opfer zuviel

Aufreizend süß
eine schwarzhaarige Schönheit,
Collette sie wohl hieß,
war des abends allzu bereit,
mit diesem fiesen Kerl zu gehen.

Hätte sie bloß auf ihre innere Stimme gehört.
Ward eine Ewigkeit nicht mehr gesehen.
Im Spätsommer lautes Geschrei verstört,
die Trauer im Dorf hielt lange an.
Nie wieder Collettes Lachen im Raum.

Neulich im Winter war wieder eine dran,
diesmal erschien aber im Traum
ganz so wie ein klarer Hinweis,
wer und wo sich der Übeltäter befand.
Die Polizei schlich sich heran ganz leis.

Da stand der fiese Kerl auf Daches Rand,
wollte sich eben fallenlassen.
Aber die Jungs verhinderten diese Flucht,
hielten sich zurück, so einigermaßen.
Das nächste Opfer fand man in tiefer Schlucht.

Zwischen Möglichkeiten

Menschen aussortieren
Gedanken verlieren
Fragen verführen
Farben rühren
Schock stieren
Ideen kreieren

Veränderung zulassen
Freiheit hassen
Antworten verpassen
Gemälde anfassen
Tote in Straßen
Kinder bespaßen

Ebenso bei BoD erschienen:

Hrabans geheimnisvolle Reise zum Kontinent des Lächelns – 19 Kurzgeschichten

Irrwege ins Chaos – und andere Gedichte

Wenn der Winter anklopft – und andere Gedichte

Advent, Advent, ein Wichtel flennt – und andere Satiren

Wandel bei Politik und Klima – alles prima? – und andere Satiren

Schmeiß den Motor an, wir müssen fliehen – und andere Satiren

Silvio scheitert an Gipsy – und andere Kurzgeschichten

Lotar Martin Kamm, Jahrgang 1957, geboren in Tübingen, als Kleinkind aufgewachsen in Schottland, gelernter Möbelschreiner, gearbeitet als Bühnentischler, Holzbildhauer, lebt im Oberbergischen Kreis, betreibt die Journalismusplattform "querdenkende.com", moderiert beim Web-Radio "Radiobase".